essentials

essentials liefern aktuelles Wissen in konzentrierter Form. Die Essenz dessen, worauf es als „State-of-the-Art" in der gegenwärtigen Fachdiskussion oder in der Praxis ankommt. *essentials* informieren schnell, unkompliziert und verständlich

- als Einführung in ein aktuelles Thema aus Ihrem Fachgebiet
- als Einstieg in ein für Sie noch unbekanntes Themenfeld
- als Einblick, um zum Thema mitreden zu können

Die Bücher in elektronischer und gedruckter Form bringen das Expertenwissen von Springer-Fachautoren kompakt zur Darstellung. Sie sind besonders für die Nutzung als eBook auf Tablet-PCs, eBook-Readern und Smartphones geeignet. *essentials:* Wissensbausteine aus den Wirtschafts-, Sozial- und Geisteswissenschaften, aus Technik und Naturwissenschaften sowie aus Medizin, Psychologie und Gesundheitsberufen. Von renommierten Autoren aller Springer-Verlagsmarken.

Weitere Bände in dieser Reihe http://www.springer.com/series/13088

Felix Reeh

Mängel am Bau erkennen

Schnelleinstieg für Architekten und Bauingenieure

Felix Reeh
Hamm, Deutschland

ISSN 2197-6708   ISSN 2197-6716   (electronic)
essentials
ISBN 978-3-658-16188-0   ISBN 978-3-658-16189-7   (eBook)
DOI 10.1007/978-3-658-16189-7

Die Deutsche Nationalbibliothek verzeichnet diese Publikation in der Deutschen Nationalbibliografie; detaillierte bibliografische Daten sind im Internet über http://dnb.d-nb.de abrufbar.

Springer Vieweg

Gedruckt auf säurefreiem und chlorfrei gebleichtem Papier

Springer Vieweg ist Teil von Springer Nature
Die eingetragene Gesellschaft ist Springer Fachmedien Wiesbaden GmbH
Die Anschrift der Gesellschaft ist: Abraham-Lincoln-Str. 46, 65189 Wiesbaden, Germany

Was Sie in diesem *essential* finden können

- Kompakte Anleitung zur Auslegung des Vertragssoll
- Hilfestellung zum Erkennen von Mängeln auf Basis der Gesetzeslage und Rechtsprechung
- Begriffsabgrenzung und Definitionen von DIN-Normen, Herstellervorschriften, anerkannten Regeln der Technik
- Hinweise zum Umgang mit Mängelrügen und Haftungsrisiken

Inhaltsverzeichnis

Einleitung

1

In der baubegleitenden Rechtsberatung ist das Thema Mängel ein Dauerbrenner. Und um kaum ein anderes Thema ranken sich so viele Streitigkeiten. Zündstoff gibt es genug, denn angefangen beim Baugrund ist kaum ein Bauwerk genauso aufgebaut wie das andere. Die technische Entwicklung schreitet rasant voran und die Hersteller werben mit immer neuen Produkten und Systemen, die das Bauen verbessern sollen. Hinzu kommen regelmäßig neue Vorgaben des Verordnungsgebers wie z. B. die Energieeinsparverordnung und – nicht zu vergessen – die Vorstellungen des Bauherrn. Außerdem besteht häufig ein hoher Kosten- und Zeitdruck. Alle am Bau Beteiligten haben das Ziel, eine möglichst fehlerfreie Leistung zu erbringen, zudem soll möglichst effizient und mangelfrei gebaut werden. Damit dies gelingt, gilt es aus juristischer Sicht die vertraglichen Vereinbarungen einzuhalten und nach den anerkannten Regeln der Technik zu planen bzw. zu bauen. Aufgrund der Tatsache, dass mit wenigen Ausnahmen jedes Bauwerk ein Unikat ist und zudem die Planung auch noch während der Bauphase häufig geändert wird, stellt dies die Baubeteiligten immer wieder vor Herausforderungen. Das vorliegende Essential will daher einige Hilfestellungen geben, wie anhand allgemeiner Kriterien der Einzelfall bewertet werden kann. Insbesondere wird dargestellt, wann überhaupt ein Mangel vorliegt, auf welchen Zeitpunkt für die Bewertung abzustellen ist und wie mit Mängelrügen umgegangen werden sollte.

© Springer Fachmedien Wiesbaden GmbH 2016
F. Reeh, *Mängel am Bau erkennen*, essentials,
DOI 10.1007/978-3-658-16189-7_1

Ein Mangel ist juristisch betrachtet eine besondere Form der Leistungsstörung. Zwei Leistungen stehen in einem Gegenseitigkeitsverhältnis: Eine der Vertragsparteien bietet eine bestimmte Planungsleistung oder Bauleistung an. Als Gegenleistung verspricht die andere Partei Honorar oder Werklohn. Wenn nun die zugesagte Planungsleistung oder Bauleistung nicht in der geschuldeten Form erbracht wird, ist sie nicht vertragsgemäß, sondern mangelhaft. Dabei differenziert das Werkvertragsrecht zwischen Sachmängeln und Rechtsmängeln. Auch Architekten- und Ingenieurleistungen werden nach den werkvertragsrechtlichen Normen beurteilt. Der Bundesgerichtshof hat sich schon 1960 hierzu geäußert und festgehalten, dass der Architekt die vertraglich geschuldeten Leistungen zu erbringen habe und so die Erstellung eines mangelfreien und funktionstauglichen Bauwerks zu bewirken habe (so schon BGH NJW 1960, 431). Dies wird auch als werkvertragliche Erfolgshaftung bezeichnet (Kniffka et al. 2015, § 631 Rn. 176). Der Unternehmer hat somit verschuldensunabhängig für den Erfolg seiner Leistung einzustehen, gleiches gilt für den Architekten bzw. Ingenieur für den Erfolg seiner Planung.

▶ Als **Faustformel** kann man sich merken:
- Der Unternehmer schuldet die mangelfreie Herstellung des Gewerks/Bauwerks
- Der Architekt schuldet das mangelfreie Entstehenlassen des Bauwerks

Wie kann man nun beurteilen, ob die Hauptleistung nicht „in der geschuldeten Form" erbracht wurde, also das Bauwerk mangelfrei hergestellt bzw. die Architektenleistungen mangelfrei erbracht wurden? Hier ist zunächst ein Blick ins Gesetz geboten, anschließend die Rechtsprechung auszuwerten.

© Springer Fachmedien Wiesbaden GmbH 2016
F. Reeh, *Mängel am Bau erkennen*, essentials,
DOI 10.1007/978-3-658-16189-7_2

2.1   Wortlaut des § 633 BGB, subjektiver Mangelbegriff

Ausgangspunkt der weiteren Betrachtung ist zunächst der Gesetzeswortlaut:

§ 633 Sach- und Rechtsmangel

(1)   Der Unternehmer hat dem Besteller das Werk frei von Sach- und Rechtsmängeln zu verschaffen.

(2)   Das Werk ist frei von Sachmängeln, wenn es die vereinbarte Beschaffenheit hat. Soweit die Beschaffenheit nicht vereinbart ist, ist das Werk frei von Sachmängeln,

1. wenn es sich für die nach dem Vertrag vorausgesetzte, sonst
2. für die gewöhnliche Verwendung eignet und eine Beschaffenheit aufweist, die bei Werken der gleichen Art üblich ist und die der Besteller nach der Art des Werkes erwarten kann.

Einem Sachmangel steht es gleich, wenn der Unternehmer ein anderes als das bestellte Werk oder das Werk in zu geringer Menge herstellt.

(3)   Das Werk ist frei von Rechtsmängeln, wenn Dritte in Bezug auf das Werk keine oder nur die im Vertrag übernommenen Rechte gegen den Besteller geltend machen können.

Das Bürgerliche Gesetzbuch definiert für das Werkvertragsrecht in § 633 BGB den sogenannten **subjektiven Mangelbegriff**. Das bedeutet nichts anderes als dass die zwischen den Parteien subjektiv getroffene Vereinbarung maßgeblich sein soll und objektive Kriterien erst dann gelten, wenn es keine Beschaffenheitsvereinbarung gibt.

§ 633 Abs. 2 S. 1 BGB macht deutlich, dass die Leistung frei von Sachmängeln ist, wenn das Werk die **vereinbarte Beschaffenheit** hat. Nach dem Gesetzeswortlaut ist somit als erste und maßgebliche Frage zu beantworten, ob eine bestimmte Beschaffenheit vereinbart wurde.

Falls keine Beschaffenheit vereinbart wurde, wird auf der zweiten Stufe geprüft, ob sich das Werk **für die nach dem Vertrag vorausgesetzte Verwendung** eignet.

Falls auch keine vorausgesetzte Verwendung zu ermitteln ist, gilt die Regel, dass sich das Werk für die **gewöhnliche Verwendung eignen** und eine Beschaffenheit aufweisen muss, die bei Werken der gleichen Art üblich ist und die der Besteller nach der Art des Werkes erwarten kann.

2.2 Beschaffenheitsvereinbarung

In der Praxis zeigt sich, dass in den allermeisten Fällen das Vertragssoll im Wege der Auslegung der vereinbarten Beschaffenheit ermittelt werden kann. Eher selten ist dies nicht definiert. Um die Beschaffenheit nun festzustellen, muss vorrangig der (schriftliche) Vertragswortlaut geprüft werden. Selbstverständlich gelten auch mündliche Vereinbarungen, wenngleich sie im Streitfall schwieriger nachzuweisen sind. Wenn der Wortlaut bzw. mündliche Absprachen nicht eindeutig sind, muss die Beschaffenheit durch Auslegung festgestellt werden. Hier kann man oft auf das Leistungsverzeichnis zurückgreifen. Wird dort nur ein funktionaler Erfolg beschrieben, ist der Unternehmer bzw. Planer weitgehend frei in der Ausführung der Arbeiten, solange er die allgemein anerkannten Regeln der Technik einhält. Die Parteien können aber darüber hinaus eine Vielzahl von Faktoren regeln, z. B. konkret die genaue Qualität und das Fabrikat der Baustoffe oder allgemein einen bestimmten Standard festlegen. Sie können besondere Umwelteigenschaften vereinbaren oder Angaben zur äußeren Gestaltung treffen. Dabei können sie auch einen Qualitätsstandard vereinbaren, der über die allgemein anerkannten Regeln der Technik hinausgeht.

Fallbeispiel

Bauherr und Unternehmer vereinbaren den Bau eines unterkellerten Einfamilienhauses. Dabei wird im Vertrag aufgenommen, dass eine Abdichtung für den Lastfall drückendes Wasser erfolgen soll, obwohl nach einem eingeholten Bodengutachten nur der Lastfall Bodenfeuchtigkeit vorliegt. In einem solchen Fall muss die vereinbarte Abdichtung gegen drückendes Wasser ausgeführt werden, auch wenn aus technischer Sicht eigentlich eine einfachere Ausführung für einen trockenen Keller ausreichend wäre.

Auch für den Architekten- und Ingenieurvertrag gelten vorrangig die Beschaffenheitsvereinbarungen zwischen den Vertragsparteien. Es ist also stets zu prüfen, welche Absprachen die Parteien dazu getroffen haben, welches Objekt und wie genau dieses Objekt geplant werden soll. Jedem Planungsvertrag immanent ist die Tatsache, dass letztlich ein noch nicht vorhandener Zustand geplant werden soll. Es muss somit geprüft werden, welche Beschaffenheit das Objekt in seinem endgültigen Zustand haben soll.

2.3   Was steht zwischen den Zeilen des Gesetzes

Der Wortlaut des Gesetzes führt in der Praxis immer wieder zu Meinungsverschiedenheiten zwischen den Parteien eines Bau/Planungsvertrags.

Fallbeispiel

Der Bauherr möchte ein Einfamilienhaus mit Flachdach errichten und lässt über seinen Architekten u.a. das Gewerk der Dachdeckerarbeiten ausschreiben. Das Leistungsverzeichnis legt eine bestimmte Beschaffenheit fest, z. B. wird dort nur eine einlagige Bitumenbahn ausgeschrieben. Der Unternehmer bietet auf dieser Grundlage die Arbeiten an und erhält den Auftrag. Damit ist eine Beschaffenheitsvereinbarung getroffen worden. Der Unternehmer führt nun alle ausgeschriebenen Leistungen aus. Es zeigt sich jedoch, dass das Dach undicht ist, weil der Dachaufbau falsch ausgeschrieben bzw. geplant war, es hätte einer zweilagigen Abdichtung bedurft. Die Arbeiten entsprechen also nicht dem gewöhnlichen Verwendungszweck bzw. sind nicht funktionstauglich. Es kommt unweigerlich die Frage auf, was denn nun gilt: das Leistungsverzeichnis als Beschaffenheitsvereinbarung oder die zu erwartende Funktion?

Die Lösung ist die Folgende: Nach dem Wortlaut des Gesetzes könnte man auf den Gedanken kommen, dass die Leistung mangelfrei ist, da die Beschaffenheitsvereinbarung vorrangig gegenüber dem üblichen Verwendungszweck bzw. der Funktionstauglichkeit ist und alle im Leistungsverzeichnis beschriebenen Arbeiten erbracht wurden. Der Bundesgerichtshof sieht dies jedoch anders und liest gewissermaßen zwischen den Zeilen: Maßgebend ist demnach zwar die vereinbarte Beschaffenheit. Zur vereinbarten Beschaffenheit gehört jedoch auch, was die Parteien zur Funktion des Werkes vereinbaren oder voraussetzen (BGH, Urteil vom 8.11.2007 – VII ZR 183/05). Dies wird also in die Beschaffenheit hineingelesen.

▶   **Merkposten** Das Werk muss funktionstauglich und zweckentsprechend sein. Beide Kriterien gelten immer auch zur Beurteilung einer vereinbarten Beschaffenheit.

In dem vorgenannten Fallbeispiel muss also in die Beschaffenheitsvereinbarung hineingelesen werden, dass das Dach als geschuldeter Erfolg dicht sein muss, und zwar dauerhaft, was bei einer einlagigen Bitumenbahn in unserem Fall eben nicht gewährleistet wäre. Allein die Ausführung der ausgeschriebenen einlagigen Dachabdichtung reicht also nicht aus, den Erfolg herbeizuführen.

Hinzu kommt nach der Rechtsprechung des BGH, dass der Unternehmer stets stillschweigend zusichert, die Arbeiten den allgemein anerkannten Regeln der Technik entsprechend auszuführen.

Der Funktionserfolg wird also auch dann geschuldet, wenn er mit der vertraglich im Leistungsverzeichnis vorgesehenen Leistung oder Ausführungsart oder den anerkannten Regeln der Technik gar nicht zu erreichen ist (vgl. BGH, Urteil vom 16.07.1998, VII ZR 350/96, NJW 1998, 3707).

Im Beispielsfall muss der Unternehmer im Ergebnis nachbessern. Ob er anschließend eine zusätzliche Vergütung für die zweite Abdichtungslage erhalten kann, im Beispiel war ja nur eine Abdichtungslage angeboten und entsprechend bepreist, ist eine hiervon strikt zu trennende Frage. Dabei spielt auch eine Rolle, ob der Unternehmer bei gebotener Prüfung des Leistungsverzeichnisses den falschen Dachaufbau erkennen konnte und er auf diesen Umstand nicht hingewiesen hat. Durch diesen Umstand bedingte „doppelt" anfallende Kosten wird er dann jedenfalls nicht ersetzt verlangen können, im Übrigen ist ein zusätzlicher Vergütungsanspruch denkbar.

2.4   Vertragssoll ohne Beschaffenheitsvereinbarung

Wurde keine Beschaffenheit vereinbart, gilt nach § 633 Abs. 2 S. 2 Nr. 1 BGB als Auffangtatbestand die „nach dem Vertrag vorausgesetzte" Beschaffenheit. Praktisch läuft dieser Tatbestand weitestgehend leer, weil regelmäßig dann auch eine Beschaffenheit durch Auslegung ermittelbar sein wird, was wieder für deren konkrete Vereinbarung spricht.

Wäre im Fallbeispiel etwa nicht von einer einlagigen Bitumenbahn die Rede gewesen, sondern nur von einlagiger Abdichtung, müsste die „nach dem Vertrag vorausgesetzte Beschaffenheit" durch Auslegung ermittelt werden. Dann müsste man wohl davon ausgehen, dass es den Parteien insgesamt zuvorderst auf die Dichtigkeit des Dachs ankommt und die genaue Ausführungsart eine untergeordnete Rolle spielt. Hier wäre durchaus denkbar, sofern dies zur Funktionstauglichkeit führt, eine einlagige Folienabdichtung auszuführen, die zwar eine geringere Lebenserwartung haben kann, aber unter Umständen auch günstiger ist.

Hilft auch dieser Auffangtatbestand nicht weiter, gilt § 633 Abs. 2 S. 2 Nr. 2, d. h. das Werk muss sich für die „gewöhnliche Verwendung" eignen und eine Beschaffenheit aufweisen, die bei „Werken der gleichen Art üblich ist und die der Besteller nach der Art des Werkes erwarten kann".

Regelmäßig werden die Parteien eine zumindest rudimentäre Verwendung vereinbart haben. Dass gar kein Verwendungszweck definiert ist, kommt sehr selten vor. Tatsächlich bergen solche nur grobe oder ganz fehlende Angaben zum Verwendungszweck erhebliche Risiken. So hat der BGH in der viel beachteten „Bistro-Entscheidung" u.a. darüber zu befinden gehabt, welche Anforderungen an eine Lüftungsanlage für ein Bistro zu stellen sind, wenn der Vertrag keine Angaben darüber enthält, welche Geräte in dem Bistro später betrieben werden und dies auch den sonstigen Umständen nicht entnommen werden kann (vgl. BGH, Urteil vom 13.03.2008, VII ZR 194/06, NZBau 2008, 437). Dann, so der BGH, schuldet der Unternehmer eine Lüftungsanlage, die für eine übliche Ausstattung mit Küchengeräten etc. ausreichend dimensioniert ist. Schafft die Lüftungsanlage diese Anforderungen nicht, ist sie mangelhaft.

2.5   Allgemein anerkannte Regeln der Technik

Nach der Rechtsprechung des BGH sichert der Auftragnehmer stets stillschweigend zu, nach den anerkannten Regeln der Technik zu arbeiten. Egal welche Arbeit im Leistungsverzeichnis oder sonst im Vertrag gefordert ist: Der Unternehmer muss grundsätzlich so arbeiten, dass diese Anforderung gewahrt ist. Damit ist auch klar, dass die allgemein anerkannten Regeln der Technik (a. a. R. d. T.) eine ganz entscheidende Auslegungshilfe des geschuldeten Vertragssolls darstellen.

Was sind die anerkannten Regeln der Technik nun konkret?

▶   Die Rechtsprechung definiert die anerkannten Regeln der Technik als diejenigen Regeln für den Entwurf und die Ausführung baulicher Anlagen, die in der technischen Wissenschaft als theoretisch richtig erkannt sind und feststehen sowie insbesondere in dem Kreis der für die Anwendung der betreffenden Regeln maßgeblichen, nach dem neuesten Erkenntnisstand vorgebildeten Techniker durchweg bekannt und aufgrund fortdauernder praktischer Erfahrung als technisch geeignet, angemessen und notwendig anerkannt sind.

Der seitens der Rechtsprechung entwickelte Begriff ist somit nicht zu verwechseln mit DIN-Normen oder etwa den Regelungen der VOB Teil C (DIN 18299 ff.). Es handelt sich vielmehr um allgemein gültige Merkmale, die von jedem am Bau Beteiligten zu beachten sind, seien sie nun explizit in DIN-Normen niedergelegt oder nicht.

Zur weiteren Erläuterung der Definition hilft ein vom Landgericht Duisburg entschiedener Fall weiter (Urteil vom 30.11.2006, Az. 7 S. 172/06):

Fallbeispiel

Das Landgericht Duisburg hatte zu entscheiden, ob die Verlegung von Elektrokabeln unter Verwendung sogenannter Hakennägel mangelhaft ist. Im Vertrag war zur Verlegetechnik nichts Konkretes vereinbart. Der Besteller berief sich darauf, die Verlegung widerspreche den allgemein anerkannten Regeln der Technik, denn in der einschlägigen VDE-Norm sei die Verwendung von Hakennägeln untersagt. Dem entgegnete der Unternehmer unter Vorlage von Fachliteratur, dass die Verwendbarkeit von Hakennägeln streitig sei. Das Landgericht kam daher zu dem Ergebnis, es liege kein Mangel vor, wenn sich der Unternehmer für eine von Fachleuten zumindest teilweise vertretene Verwendung von Hakennägeln entscheide.

Die geschilderte Entscheidung verdeutlicht die Bandbreite gerichtlicher Entscheidungen. Es wird klar, dass das Gericht mithilfe sachverständiger Beratung den Begriff der anerkannten Regeln der Technik mit Leben füllt. Bedenklich an der geschilderten Entscheidung ist insofern, dass sich das Gericht in den Entscheidungsgründen des Urteils nicht mit der Frage befasst hat, wie nach überwiegender Auffassung der Sachverständigen eine technisch sichere Ausführung zu erfolgen hat. Allein dass es abweichende Fachmeinungen zu einem Thema gibt bedeutet noch nicht, dass keine allgemein anerkannte Regel der Technik existiert.

2.6 Herstellerrichtlinien

Auch Herstellerrichtlinien werden häufig zur Auslegung der vereinbarten Beschaffenheit herangezogen. Denn Hersteller geben regelmäßig detaillierte Anweisungen, wie ihre Produkte zu verarbeiten sind. Häufig werden diese Vorgaben auch den a. a. R. d. T. entsprechen, gewährleistet ist die Einhaltung dieses Standards aber leider nicht immer. Folgerichtig gehen die a. a. R. d. T. den Herstellerrichtlinienlinien vor. Weder ein Unternehmer noch ein Planer kann sich darauf berufen, die Herstelleranweisungen seien eingehalten worden, wenn das Werk im Ergebnis nicht funktionstauglich ist. Zudem muss beachtet werden, dass eine Abweichung von Herstellervorgaben als Mangel beurteilt werden kann, wenn dadurch die Risiken des Produktes erhöht werden und die Herstellergarantie verloren geht.

Hierzu folgender Fall

Ein Unternehmer verlegt Parkettfußboden und hält dabei nicht die Hersteller-richtlinien (Verlegevorschriften) ein. Der Bauherr rügt nun die Nichteinhaltung der Verlegevorschriften und macht Gewährleistungsansprüche geltend. Das OLG Köln führt hierzu aus, dass eine Abweichung von den Hersteller-richtlinien per se noch keinen Mangel begründet. Dies ist erst dann der Fall, wenn durch die Abweichung eine Risikoungewissheit hinsichtlich eines zukünftigen Schadenseintritts besteht. Ein solcher zukünftiger Schadenseintritt ist im konkreten Fall nach Auffassung des OLG Köln mit an Sicherheit grenzender Wahrscheinlichkeit auszuschließen, weil der Parkettboden bereits seit etwa vier Jahren mangelfrei liegt. (vgl. OLG Köln, Urteil vom 20.07.2005, 11 U 96/04, MDR 2006,147).

Die Besonderheit des geschilderten Falls liegt somit darin, dass alle gerichtlichen Sachverständigen das Risiko eines zukünftigen Schadenseintrittes ausgeschlossen hatten. Deshalb kam das OLG Köln zu dem Ergebnis, die Funktionstauglichkeit sei nicht beeinträchtigt. Auch die Herstellergarantie sei nicht tangiert, diese hänge lediglich von einer sachgemäßen Verlegung ab, nicht von der Einhaltung der Verlegeanleitung. Eine sachgemäße Verlegung sei aber nach Auffassung der Sachverständigen erfolgt.

Auch in dieser Entscheidung wird deutlich, dass es immer auf den Einzelfall ankommt. Je nach Fallgestaltung kann die Abweichung von Herstellervorgaben sehr wohl zu einem Mangel führen. Problematisch kann es auch sein, wenn wegen der Nichteinhaltung der Herstellervorgaben die Herstellergarantie erlischt. So kam derselbe Senat des OLG Köln beispielsweise bei Aufbringung einer Bitumendickbeschichtung als Kellerabdichtung zur Annahme eines Mangels, weil die KMB nicht nach den Hersteller-Verarbeitungsregeln ausgeführt worden war (OLG Köln Urteil vom 22.09.2004 – 11 U 93/01, BauR 2005, 389).

2.7 DIN-Normen

Vielfach gibt es die Planungs- oder Bauaufgabe betreffende DIN-Normen. Nach der Rechtsprechung des BGH haben diese keinen Gesetzescharakter, sondern stellen private technische Regelungen mit Empfehlungscharakter dar. Wichtig ist jedoch, dass Sie dem BGH zufolge die widerlegliche Vermutung beinhalten, die anerkannten Regeln der Technik wiederzugeben. Der Bauherr kann sich daher auf diese Vermutung stützen und bei einer von den DIN-Normen abweichenden Ausführung die Mangelhaftigkeit der Leistung rügen. Will der Bauunternehmer bzw. Planer dem nicht folgen, muss er die Vermutung widerlegen und begründen, warum die DIN ausnahmsweise nicht den anerkannten Regeln der Technik entspricht.

▶ Von den schriftlich abgefassten kodifizierten Regeln enthalten u.a. folgende Regelwerke anerkannte Regeln der Technik:

- die DIN-Normen des Deutschen Instituts für Normung e. V.
- die Eingeführte Technischen Baubestimmungen (ETB)
- die Bestimmungen des Deutschen Ausschusses für Stahlbeton
- die Unfallverhütungsvorschriften der Berufsgenossenschaften
- Bestimmungen des Deutschen Vereins des Gas- und Wasserfaches (DVGW)
- CEN/CENELEC/EN-Normen
- die Bestimmungen des Verbandes Deutscher Elektrotechniker (VDE-Normen)

Trotzdem ist Vorsicht geboten. Nicht jede DIN- oder etwa VDE-Norm stellt die anerkannten Regeln der Technik dar und allein die Beachtung der DIN garantiert somit nicht, dass auch vertragsgerecht gebaut wird. Eine Prüfung im Einzelfall ist daher unumgänglich. Das bekannteste Beispiel hierzu ist der Schallschutz. Würde man streng nach DIN 4109 bauen, würden die heute üblichen Komfortstandards nicht erreicht. Der BGH entschied hierzu 2007: Welcher Schallschutz für die Errichtung von Doppelhäusern geschuldet ist, ist durch Auslegung des Vertrages zu ermitteln. Wird ein üblicher Qualitäts- und Komfortstandard geschuldet, muss sich das einzuhaltende Schalldämm-Maß an dieser Vereinbarung orientieren. Die Schalldämmmaße der DIN 4109 können schon deshalb nicht herangezogen werden, weil sie lediglich Mindestanforderungen zur Vermeidung unzumutbarer Belästigungen regeln. Anhaltspunkte können aus den Regelwerken die Schallschutzstufen II und III der VDI-Richtlinie 4100 aus dem Jahre 1994 oder das Beiblatt 2 zu DIN 4109 liefern. Können durch die vereinbarte Bauweise bei einwandfreier, den anerkannten Regeln der Technik entsprechender Bauausführung höhere Schallschutzwerte erreicht werden, als sie sich aus den Anforderungen der DIN 4109 ergeben, sind diese Werte unabhängig davon geschuldet, welche Bedeutung den Schalldämm-Maßen der DIN 4109 sonst zukommt (vgl. BGH Urteil vom 14.06.2007, VII ZR 45/06, NZBau 2007, 574).

2.8   Einbeziehung der VOB/B

Häufig vereinbaren die Bauvertragsparteien die Geltung der Allgemeinen Vertragsbedingungen für die Ausführung von Bauleistungen (VOB/B). Unter welchen Voraussetzungen die VOB/B wirksam in den Vertrag einbezogen werden können, soll an dieser Stelle nicht vertieft werden. In Architekten- und Ingenieurverträge werden Sie grundsätzlich nicht einbezogen werden können, da der Fokus der VOB/B selbstverständlich auf Bauleistungen und nicht auf Planungsleistungen liegt. Die wirksame Vereinbarung sowie den Vorrang der VOB/B vorausgesetzt, besagt § 13 VOB/B in der Fassung aus 2016 für die Frage der Mangelhaftigkeit folgendes:

---

§ 13 Mängelansprüche

(1) Der Auftragnehmer hat dem Auftraggeber seine Leistung zum Zeitpunkt der Abnahme frei von Sachmängeln zu verschaffen. Die Leistung ist zur Zeit der Abnahme frei von Sachmängeln, wenn sie die vereinbarte Beschaffenheit hat und den anerkannten Regeln der Technik entspricht. Ist die Beschaffenheit nicht vereinbart, so ist die Leistung zur Zeit der Abnahme frei von Sachmängeln,

1. wenn sie sich für die nach dem Vertrag vorausgesetzte, sonst
2. für die gewöhnliche Verwendung eignet und eine Beschaffenheit aufweist, die bei Werken der gleichen Art üblich ist und die der Auftraggeber nach der Art der Leistung erwarten kann.

Die Regelung entspricht also im Wesentlichen der Regelung des § 633 BGB. Auch hier ist eine Leistung nur dann mangelfrei, wenn sie zum Zeitpunkt der Abnahme die vertraglich vereinbarte Beschaffenheit hat und den a. a. R. d. T. entspricht oder, falls keine Beschaffenheitsvereinbarung besteht, geeignet ist für die nach dem Vertrag vorausgesetzte oder gewöhnliche Verwendung. Die Regelung in § 13 VOB/B behandelt allerdings nicht das Thema der Rechtsmängel, sodass hierzu auf die gesetzliche Regelung zurückzugreifen ist. Abweichungen gegenüber dem BGB bestehen zudem etwa in der Frage der Verjährungsfrist (vier statt fünf Jahre) und der Gewährleistungsrechte (kein Rücktrittsrecht und Minderungsrechte nur unter engen Voraussetzungen). Diese Abweichungen sollen hier jedoch nicht vertieft dargestellt werden.

2.9 Gesetzesentwurf zur Reform des Bauvertragsrechts

Aktuell wird der Gesetzentwurf zur Novellierung des Werkvertragsrechts diskutiert. Nach der derzeitigen Entwurfsfassung wird sich an dem Wortlaut des § 633 BGB nichts ändern (vgl. Bundestag-Drucksache 18/8486, Entwurf vom 18.05.2016). Es werden also aller Voraussicht nach auch weiterhin die genannten Auslegungskriterien gelten. Hinzu kommen in neuen gesetzlichen Regelungen etwa Anordnungsrechte des Bestellers, ein Widerrufsrecht des Verbrauchers und etwa die Verpflichtung des Bauunternehmers sich auf eine verbindliche Bauzeit festzulegen. Diese beabsichtigten neuen Regelungen sollen hier jedoch nicht Gegenstand einer vertiefenden Betrachtung sein, zumal sie voraussichtlich die von der Rechtsprechung angewandten Auslegungsgrundsätze nicht tangieren werden.

2.10 Rechtsmängel

In der Praxis haben Rechtsmängel eine untergeordnete Bedeutung, sie sollen aber hier nicht unerwähnt bleiben. Nach § 633 Abs. 3 BGB ist das Werk frei von Rechtsmängeln, wenn Dritte in Bezug auf das Werk keine oder nur die im Vertrag übernommenen Rechte gegen den Besteller geltend machen können. Was das genau bedeutet, soll an folgendem Fall erläutert werden:

Fallbeispiel

Ein Architekt lässt ein im Übrigen völlig einwandfreies Einfamilienhaus für den privaten Bauherrn errichten und verwendet dabei vom Bauherrn überlassene Entwurfspläne. Er übersieht jedoch, dass die verwendeten Pläne urheberrechtlichen Schutz seitens eines anderen Architekten genießen. Dieser andere Architekt ist dann „Dritter" im Sinne des Gesetzes, weil er am Vertrag selbst nicht beteiligt ist. Er kann urheberrechtliche Ansprüche gegen den Bauherrn geltend machen. Sofern dieser Umstand im Vorfeld nicht beachtet und damit Vertragsgegenstand geworden war, stellt diese Belastung des Bauherrn einen Rechtsmangel dar.

2.11 Exkurs: Keine Mängelansprüche bei Verstoß gegen das SchwarzArbG

Ein Anspruch auf Mängelbeseitigung setzt einen wirksamen Vertrag voraus. Der Bundesgerichtshof hatte in einer Entscheidung aus dem Jahre 2008 auch bei einem Verstoß gegen das SchwarzArbG zunächst noch Mängelansprüche unter bestimmten Voraussetzungen für möglich gehalten (BGH, Urt. v. 24.4.2008 – VII ZR 42 und 140/07). Von dieser Auffassung hat der Bundesgerichtshof nun ausdrücklich Abstand genommen (BGH, Urteile vom 01.08.2013 – VII ZR 6/13 und 11.06.2015 – VII ZR 216/14). Nach der aktuellen Rechtsprechung des BGH führt ein Verstoß gegen das SchwarzArbG jedenfalls dann zur Nichtigkeit des Vertrages gemäß § 134 BGB, wenn der Unternehmer vorsätzlich hiergegen verstößt und der Besteller den Verstoß des Unternehmers kennt und bewusst zum eigenen Vorteil ausnutzt. Mängelansprüche des Bestellers bestehen dann nicht.

Mangelhaft/Mangelfrei – Welcher Zeitpunkt ist maßgeblich?

Welcher Zeitpunkt ist maßgeblich für die Beurteilung der Mangelhaftigkeit bzw. der Einhaltung der anerkannten Regeln der Technik? Für Bauleistungen gilt nach § 13 Abs. 1 S. 1 VOB/B, dass Leistungen im Zeitpunkt der Abnahme mangelfrei sein müssen. Eine vergleichbare ausdrückliche Regelung im BGB fehlt, dennoch gilt auch hier unausgesprochen, dass im **Zeitpunkt der Abnahme** die Leistung mangelfrei sein muss. Allerdings sind auch noch nachträglich erzielte neuere wissenschaftliche und/oder technische Erkenntnisse zu berücksichtigen (vgl. OLG Nürnberg, Urteil vom 23.06.2005, 13 U 1934/02, BauR 2006, 2077). Dies bedeutet, dass sich ein Sachverständiger nicht in den Zeitpunkt der Abnahme „versetzen" muss, sondern auch unter Beachtung nachträglicher Erkenntnisse die Ordnungsgemäßheit einer Leistung bei der Abnahme bewertet.

Bei der Beurteilung der Leistung kommt es nicht darauf an, welche DIN-Norm aktuell Gültigkeit hat, sondern ob die Leistung im Zeitpunkt der Abnahme den anerkannten Regeln der Technik entsprach. Zu diesem Abnahmezeitpunkt kann eine ganz andere Norm gültig gewesen sein als im Zeitpunkt der späteren Beurteilung. Vor allem bei Planungsleistungen des Architekten kann diese Zäsur von Bedeutung sein. Die Rechtsprechung differenziert zwischen Änderungen vor der Genehmigung der Planung und Änderungen nach erfolgter Genehmigung.

3.1 Änderung der anerkannten Regeln der Technik vor der Genehmigung

Der Ingenieur darf nicht auf dem Stand der ursprünglichen Planung stehen bleiben, sondern hat sich auf dem Laufenden zu halten und sein Werk auf Übereinstimmung mit den neuesten Regeln der Technik zu überprüfen. Wenn sich also im

© Springer Fachmedien Wiesbaden GmbH 2016
F. Reeh, *Mängel am Bau erkennen*, essentials,
DOI 10.1007/978-3-658-16189-7_3

Laufe der Genehmigungsplanung oder bereits vor Vertragsschluss zeigt, dass im Zeitpunkt der Abnahme andere technische Anforderungen gelten werden, ist eine Planungsanpassung erforderlich. Der Planer sollte den Auftraggeber möglichst frühzeitig darauf hinweisen. Häufig wird der Planer dann auch Anspruch auf eine Zusatzvergütung haben, insbesondere wenn Grundleistungen erneut zu erbringen sind. Weist der Planer nicht auf die erforderliche Anpassung hin, führt dies dazu, dass die Planung nicht dauerhaft genehmigungsfähig und damit mangelhaft ist, was wiederum zu Schadensersatzansprüchen gegen den Planer berechtigt. Dem kann der Planer dann nur noch dadurch entgehen, dass er nachweist, den Auftraggeber unmissverständlich auf Bedenken hingewiesen zu haben, von diesem aber trotzdem in Kenntnis aller Risiken zur Beibehaltung der Planung angehalten worden zu sein. Will der Planer von den anerkannten Regeln der Technik abweichend bauen lassen, muss er in jedem Fall umfassend aufklären, insbesondere darüber, welche Risiken und Folgen die entsprechende Planung mit sich bringen kann (vgl. BGH, Beschluss vom 14.06.2012, VII ZR 75/10, IBR 2012, 524). Aufklärungsbedarf besteht auch, wenn der Auftraggeber eine verbindliche Vorgabe macht, die den Regeln der Technik zum Abnahmezeitpunkt nicht mehr entspricht bzw. entsprechen wird (vgl. OLG Dresden, Urteil vom 09.06.2010, 1 U 745/09, IBR 2012, 90).

3.2 Änderung der anerkannten Regeln der Technik nach der Genehmigung

Ändern sich nach erfolgter Genehmigung (unvorhersehbar) die anerkannten Regeln der Technik, werden Planungsänderungen notwendig. Andernfalls riskiert der Planer, dass sein Werk im Zeitpunkt der Abnahme nicht mehr als mangelfrei gilt. Denkbar ist dieses Szenario beispielsweise durch die Einführung von Eurocode-Normen, die in einigen Bereichen DIN-Normen ablösen. Der Planer muss in solchen Fällen also seinen Auftraggeber darauf hinweisen, dass er nach zwischenzeitlich erfolgter Genehmigung unvorhersehbar neue technische Normen planerisch zu beachten und daher die Planung anzupassen hat. Der Auftraggeber kann sich dann entscheiden, ob er die Planung (gegen Zahlung einer zusätzlichen Vergütung) anpassen lässt oder aber damit einverstanden ist, dass die Planung im Zeitpunkt der Abnahme nicht mehr den anerkannten Regeln der Technik entspricht. Für letztere Variante empfiehlt sich der Abschluss einer Zusatzvereinbarung. In jedem Fall sollten die Gespräche, Bedenkenanzeigen und letztlich die Entschließung des Auftraggebers sorgfältig dokumentiert werden.

3.3   Maßgeblicher Zeitpunkt für den Unternehmer

Die o. g. Grundsätze gelten sinngemäß für den Unternehmer. Er schuldet zwar regelmäßig keine Planungsleistung, jedoch eine Ausführung, die im Zeitpunkt der Abnahme mangelfrei ist. Umgekehrt ausgedrückt: Die Leistung ist mangelhaft, wenn sie nicht den neuen geänderten Regeln angepasst wird. Wenn die Leistung im Zeitpunkt der Abnahme den technischen Regeln entsprach und sich später Normen ändern, bleibt die Leistung des Unternehmers rechtlich gesehen mangelfrei. Ändern sich aber schon vor Abnahme die technischen Regeln und kann der Unternehmer die Anpassung nur durch zusätzliche ursprünglich nicht vorgesehene Leistungen erfüllen, wird ihm regelmäßig ein zusätzlicher Vergütungsanspruch zustehen. Etwas anderes kann dann gelten, wenn die Leistung funktional beschrieben wurde, der Unternehmer also das Risiko von Leistungsänderungen übernommen hat.

3.4   Praxishinweis

Immer wieder treten Schwierigkeiten bei Bau- und Planungsaufträgen aufgrund deren langen Vertragsdauer auf. Hier muss sorgfältig darauf geachtet werden, dass die Leistungen im Zeitpunkt der Abnahme mangelfrei sind. Ist also abzusehen, dass sich DIN-Normen während der Vertragslaufzeit ändern oder haben sich diese bereits geändert, besteht Handlungsbedarf, insbesondere muss der Bauherr aufgeklärt werden.

Wie sollte der Bauherr mit Mängeln umgehen? Welche Rolle kommt dem Architekten bzw. Planer dabei zu? Wie sollte der Bauunternehmer auf Mängelrügen reagieren? Diese oft gestellten Fragen sollen im folgenden Abschnitt erörtert werden.

4.1 Bauherr

Der Bauherr hat oft ein praktisches Problem: Er verfügt nicht über die technischen Mittel oder das Wissen, Mängel der ausgeführten Leistung überhaupt zu erkennen. Dann ist der Architekt als Sachwalter des Bauherrn gefragt, diesen zu unterstützen. Sind Mängel bekannt, sollte der Bauherr diese gegenüber dem ausführenden Unternehmen rügen und eine Frist zur Mängelbeseitigung setzen. Eine wichtige Zäsur stellt dabei die Abnahme dar: **Vor der Abnahme** befindet sich der Vertrag noch in der Erfüllungsphase. Der Bauherr kann dann den Unternehmer lediglich anweisen, erkannte Mängel abzustellen. Kommt der Unternehmer dem nicht nach und haben die Mängel erhebliches Gewicht, kommt eine Kündigung des Vertrages in Betracht, relevant ist hier § 4 Abs. 7 VOB/B. Eine vergleichbare Regelung im BGB gibt es indessen nicht. Nach dem Wortlaut der Regelungen im BGB kommt ein Mängelbeseitigungsanspruch erst nach der Abnahme in Betracht bzw. mit dem Ende des Erfüllungsstadiums. Wenn also der Unternehmer – ggf. auch ohne Abnahme – zu erkennen gibt, mit der Leistung fertig zu sein, das Werk jedoch Mängel aufweist, kommen Mängelgewährleistungsansprüche in Betracht. Vor der Abnahme sollte ohne Vereinbarung der VOB/B nur in besonderen Fällen eine Kündigung des Vertrages erwogen werden. Zudem ist die Kooperationspflicht zu beachten: Erkennt der Bauherr z.B. bereits zu Beginn der Arbeiten geringe Farbabweichungen auf dem Bodenbelag, rügt diese aber erst nachdem bereits alle Arbeiten fertig gestellt sind, kommt ein Mitverschulden des Bauherrn in Betracht.

© Springer Fachmedien Wiesbaden GmbH 2016 $\qquad$ 19
F. Reeh, *Mängel am Bau erkennen*, essentials,
DOI 10.1007/978-3-658-16189-7_4

Nach der Abnahme „verwandelt" sich der Anspruch auf Vertragserfüllung in einen Anspruch auf Nacherfüllung, wenn Mängel vorhanden sind. Der Bauherr sollte nun eine Frist zur Mängelbeseitigung setzen.

▶ Merke:
- Vor der Abnahme/Ende des Erfüllungsstadiums kommt üblicherweise nur die Aufforderung zum vertragsgerechten Arbeiten und im Einzelfall die Kündigung in Betracht.
- Nach der Abnahme/Ende des Erfüllungsstadiums besteht bei Mängeln ein Anspruch auf Nacherfüllung, der sich nach Ablauf einer hierfür gesetzten Frist in einen sog. Sekundäranspruch verwandelt, also etwa einen Anspruch auf Kostenvorschuss oder Schadensersatz.

Was gehört in die Mängelrüge?

- Der Bauherr bzw. der vertretungsberechtigte Architekt sollte das Erscheinungsbild der Mängel möglichst genau beschreiben. Nach der **Symptomrechtsprechung** des Bundesgerichtshofes ist es dabei ausreichend, die Mängelerscheinungen zu beschreiben. Es müssen nicht auch die Ursachen mitgeteilt werden. Es reicht etwa aus mitzuteilen, dass der Fußboden nicht warm wird, oder dass sich Feuchtigkeit auf Wänden zeigt.
- Es sollte eine unmissverständliche Aufforderung zur Mängelbeseitigung ausgesprochen werden.
- Der Bauherr sollte zudem eine angemessene Frist zur Mängelbeseitigung setzen. Welche Frist angemessen ist, hängt vom Einzelfall ab, war die Frist zu kurz bemessen, läuft jedoch automatisch eine angemessene Frist.
- Wichtig: Der Bauherr bzw. Architekt sollte den Zugang der Mängelrüge beim Unternehmer nachweisen können, ideal ist ein Empfangsbekenntnis.

Es bleibt die Frage offen, ob der Bauherr bei der Inanspruchnahme der am Bau Beteiligten eine bestimmte Reihenfolge zu beachten hat. Sofern der Gesetzentwurf zur Reform des Bauvertragsrechts verabschiedet wird, was im Zeitpunkt des Redaktionsschlusses noch nicht feststand, wird der Bauherr wegen Mängeln zunächst primär den Unternehmer in Anspruch nehmen müssen, erst nachrangig kann er sich an den Architekten halten.

§ 650s BGB des Gesetzesentwurfes lautet

Nimmt der Besteller den Unternehmer wegen eines Überwachungsfehlers in Anspruch, der zu einem Mangel an dem Bauwerk oder an der Außenanlage geführt hat, kann der Unternehmer die Leistung verweigern, wenn auch der ausführende Bauunternehmer für den Mangel haftet und der Besteller dem bauausführenden Unternehmer noch nicht erfolglos eine angemessene Frist zur Nacherfüllung bestimmt hat.

Mit dieser Regelung wird eine Rangfolge der Inanspruchnahme bei Mängeln am Bauwerk eingeführt. Eine Inanspruchnahme des Architekten oder Ingenieurs auf Schadensersatz soll künftig erst zulässig sein, wenn der Besteller dem bauausführenden Unternehmer zuvor erfolglos eine angemessene Frist zur Nacherfüllung gesetzt hat. Die Regelung ist darauf gerichtet, die überproportionale Belastung der Architekten und Ingenieure im Rahmen der gesamtschuldnerischen Haftung zu reduzieren und der Nacherfüllung durch den bauausführenden Unternehmer eine größere Bedeutung zu verschaffen. Gesamtwirtschaftlich gesehen kann dies zu einer Entlastung führen, weil ein mit dem Bauwerk vertrauter Bauunternehmer den Mangel häufig mit geringeren Kosten beseitigen kann als ein mit dem Bau nicht vertrauter Bauunternehmer, dessen Vergütungsanspruch Maßstab für die Höhe des Schadensersatzanspruchs gegen den Architekten oder Ingenieur ist (vgl. Deutscher Bundestag, Drucksache 18/8486, Entwurf eines Gesetzes zur Reform des Bauvertragsrechts und zur Änderung der kaufrechtlichen Mängelhaftung, Begründung des Gesetzesentwurfes zu § 650s BGB).

4.2 Architekt

Der Architekt, der mit der Bauüberwachung (Leistungsphase 8) beauftragt ist, hat eine umfassende Betreuungspflicht des Bauherrn und wird von der Rechtsprechung als Sachwalter des Bauherrn betrachtet. Er muss daher den Bauherrn unterstützen. Als Sachwalter des Bauherrn schuldet er die unverzügliche und umfassende Aufklärung der Ursachen sichtbar gewordener Baumängel sowie die sachkundige Unterrichtung des Bauherrn vom Ergebnis der Untersuchung und von der sich daraus ergebenden Rechtslage. Das gilt auch dann, wenn die Mängel ihre Ursache in Planungs- oder Aufsichtsfehlern des Architekten haben. Verletzt der Architekt schuldhaft diese Untersuchungs- und Beratungspflicht so ist er dem Bauherrn wegen einer Nebenpflichtverletzung zum Schadensersatz verpflichtet. Dieser Schadensersatzanspruch geht dahin, dass die Verjährung der gegen ihn gerichteten werkvertraglichen Ansprüche als nicht eingetreten gilt (vgl. OLG Düsseldorf, Urteil vom 19.11.2013, 23 U 32/13, BauR 2015, 1717). Mit anderen Worten: Der

Architekt, der den Bauherren umfassend betreut, also nicht nur Planungsleistungen erbringt sondern die Bauaufgabe als Bauleiter für den Bauherrn realisiert, hat als Sachwalter umfassende Aufklärungs-, Informations- und Beratungspflichten. Diese gehen nach der Rechtsprechung soweit, dass auch auf eigene Planungs- bzw. Aufklärungsfehler hingewiesen werden muss, wenn diese die Ursache für Baumängel geworden sind. Gibt der Architekt diese Hinweise nicht, kann er sich auch noch nach Ablauf der ansonsten abgelaufenen Gewährleistungszeit nicht auf Verjährung berufen.

4.3 Umgang mit Mängelrügen des Auftraggebers

Nun kann sich der Bauherr nicht nur an den Unternehmer, sondern natürlich auch an den Architekten und/oder Planer wenden und diesen mit Mängeln konfrontieren bzw. eine Frist zur Mängelbeseitigung setzen. Was ist aus Sicht des Architekten/Planers zu tun?

Der Architekt muss zunächst prüfen, ob die Mängelrüge berechtigt ist.

Zum einen kommen eigene Planungsfehler in Betracht, die noch nachgebessert werden können, weil sie sich noch nicht im Objekt ausgewirkt haben. Dann sollte der Architekt bzw. Planer im Zweifel innerhalb der Frist die Planung nachbessern. Reicht die gesetzte Frist nicht aus, ist ein klärendes Gespräch mit dem Bauherrn sinnvoll. Regelmäßig sind jedoch erhöhte Anstrengungen geboten, die gesetzte Frist grundsätzlich einzuhalten. Es können nicht die Maßstäbe der ursprünglichen Planungszeit angelegt werden, weil „nur" noch die Chance der Nacherfüllung besteht.

Zum anderen kommen Planungsfehler in Betracht, die sich in Form von Baumängeln bereits im Objekt realisiert haben. Dann ist eine Nachbesserung nicht mehr möglich. Der Architekt muss befürchten, auf Schadensersatz in Anspruch genommen zu werden. Er kann den Versuch unternehmen, den ausführenden Unternehmer zur Nachbesserung aufzufordern, etwa wenn den Bauunternehmer seinerseits Ausführungsfehler treffen oder für ihn die Planungsfehler offensichtlich waren. Weil die Aufforderung und Fristsetzung im Namen des Bauherrn abgegeben werden muss, ist dieser Schritt natürlich nur möglich, wenn der Architekt für eine solche Erklärung seitens des Bauherrn bevollmächtigt ist. Häufig ist eine rechtliche Beratung sinnvoll.

Schließlich können Ausführungsfehler des Unternehmers und damit korrespondierende Bauüberwachungsfehler des Architekten im Raum stehen. Auch dann sollte die Mängelrüge ernst genommen werden. Eine Bauüberwachung kann nicht mehr nachgebessert werden, es drohen also weitergehende Ansprüche des

Bauherrn gegen den Architekten, etwa Schadensersatzansprüche. Um dies abzuwenden empfiehlt sich ein Gespräch mit dem Bauherrn und die Inanspruchnahme des Bauunternehmers. Auch eine rechtliche Beratung in diesem Stadium ist sinnvoll, um bereits jetzt die Weichen zu stellen für eine Abwendung der eigenen Inanspruchnahme oder eine wirtschaftliche kostengünstige Lösung. Zu beachten ist zudem die bereits angesprochene Regelung des Gesetzentwurfes, dort § 650s BGB.

Bei allen rechtlichen Schritten und gebotenen Abstimmungen mit dem Bauherrn sollte der Architekt daran denken, dass es regelmäßig erforderlich sein wird, den eigenen Haftpflichtversicherer frühzeitig zu unterrichten und die Vorgehensweise mit diesem abzustimmen. In den Versicherungsbedingungen ist üblicherweise geregelt, dass jedes Schadensereignis, welches Haftpflichtansprüche gegen den Architekten/Planer zur Folge haben könnte, dem Versicherer innerhalb einer bestimmten Frist anzuzeigen ist.

4.4   Reaktion des Auftragnehmers auf Mängelrügen

Wie der Auftragnehmer mit einer Mängelrüge des Bauherrn umgeht, ist ihm grundsätzlich freigestellt. Insbesondere ist es Sache des Auftragnehmers, die Art und Weise der Mangelbeseitigung zu bestimmen (vgl. OLG Düsseldorf, Urteil vom 30.08.2012, 23 U 143/11, BauR 213, 107). Selbstverständlich muss der Auftragnehmer aber die anerkannten Regeln der Technik sowie die Beschaffenheitsvereinbarungen im Vertrag beachten. Zeichnet sich ab, dass die Mängelbeseitigung untauglich sein wird, braucht dies der Auftraggeber nicht akzeptieren. Gelegentlich kann es auch vorkommen, dass nur eine bestimmte Art und Weise der Nachbesserung in Betracht kommt. Dann hat der Auftragnehmer, vorausgesetzt er ist zur Mängelbeseitigung bereit, keinen Entscheidungsspielraum und muss auch diese Nachbesserung realisieren. Der Auftraggeber kann ein dieser Verpflichtung nicht entsprechendes und damit untaugliches Mangelbeseitigungsangebot von vornherein zurückweisen.

Fallbeispiel

In einem vom BGH entschiedenen Fall waren Mängel einer Buchenholztreppe im eingebauten Zustand der Treppe nicht behebbar, der Auftraggeber hatte daher wohl zu Recht auf einem Ausbau der Treppe bestanden, was der Auftragnehmer aber – soweit aus der Entscheidung ersichtlich – offenbar abgelehnt hatte (BGH, Urteil vom 05.05.2011, Az. VII ZR 28/10).

Haftungsrisiken des Architekten/ Ingenieurs

Wenn sich im Bauwerk Mängel realisiert haben, kommt regelmäßig die Frage auf, inwiefern auch der Architekt bzw. Ingenieur für diese Mängel haftet. Hierzu bedarf es grundsätzlich der Auslegung des Architektenvertrages bzw. des Ingenieurvertrages. Was der Architekt im Ergebnis schuldet, ist durch Auslegung des Vertrages nach den allgemeinen Grundsätzen gem. § 133 i. V. m. § 157 BGB zu ermitteln. Dabei ist wie bereits aufgezeigt das Leitbild des Architekten als Werkvertrag zugrunde zu legen. Die Leistungsbilder, welche in der HOAI festgelegt sind, sind für die Auslegung nicht entscheidend, jedenfalls nicht automatisch. Insbesondere können die vertraglich geschuldeten Leistungspflichten über die in § 15 HOAI a.F. bzw. jetzt in § 34 HOAI 2013 in der dortigen Anlage 10 genannten Tätigkeiten hinausgehen. Dies gilt vor allem dann, wenn diese Leistungspflichten für die ordnungsgemäße Erfüllung des Auftrags erforderlich sind (vgl. BGH, Urteil vom 24.10.1996, VII ZR 283/95, BauR 1997, 154). In der vorgenannten Entscheidung hat der BGH festgehalten, dass die HOAI keine normativen Leitbilder für den Inhalt von Architekten- und Ingenieurverträgen enthält. Grundsätzlich sind die in der HOAI geregelten „Leistungsbilder" Gebührentatbestände. Nach diesen Gebührentatbeständen wird das Honorar der Höhe nach berechnet.

Die Bedeutung der Vertragsauslegung wird an folgender Entscheidung des BGH deutlich:

Fallbeispiel

Die Bauherrin beauftragte einen Tragwerksplaner, für die Aufnahme eines Fassadenreinigungsgerätes auf einem Dach nach einer technischen Lösung zu suchen. Der Tragwerksplaner erstellt daraufhin eine statische Berechnung sowie einen Schal- und Bewehrungsplan für eine Stahlbetonplatte, auf der das Reinigungsgerät montiert werden soll. Es stellte sich jedoch heraus, dass die Betonplatte funktionsuntauglich war, weil zur Dachabdichtung weder ein

© Springer Fachmedien Wiesbaden GmbH 2016
F. Reeh, *Mängel am Bau erkennen*, essentials,
DOI 10.1007/978-3-658-16189-7_5

Gleitlager noch eine Dehnfuge zur Dachbrüstung erstellt worden war. Solche waren in den Plänen des Tragwerksplaners auch nicht vorgesehen worden.

Das Berufungsgericht wies die Schadensersatzklage gegen den Tragwerksplaner ab mit der Begründung, es könne gar nicht festgestellt werden, dass die Planung der Gleitlager und Dehnfugen vom Planungsauftrag umfasst gewesen seien, es handle sich dabei um besondere Leistungen im Sinne der seinerzeit geltenden HOAI, deren Beauftragung zweifelsfrei feststehen müsse. Demgegenüber stellte der BGH klar, dass die HOAI nur öffentlich-rechtliches Preisrecht darstellt und keine vertragsrechtliche Leitbildfunktion hat. Der Bundesgerichtshof legte den Werkvertrag nach den gesetzlichen Auslegungsregeln unter Berücksichtigung des Leitbildes eines Werkvertrages dahin gehend aus, dass die Fugen und Gleitlager hätten mitgeplant werden müssen. Der Auftrag an die Tragwerksplaner sei darauf gerichtet gewesen, eine Lösung für die Montage des Fassadenreinigungsgerätes zu finden. Der Auftrag unterliege daher der Erfolgshaftung für eine funktionierende Anlage (vgl. BGH, Urteil vom 24.10.1996, Az. VII ZR 283/95, BauR 1997, 154).

In dieser Situation fielen mithin das vertragliche Soll und die Honorarvereinbarung auseinander. Eine Planungsverpflichtung wurde bejaht. Honorar gab es aber trotzdem nicht, weil die Vergütung für die besonderen Leistungen bei Auftragserteilung nicht schriftlich vereinbart worden war.

In der Mehrheit der in der Praxis anzutreffenden Architektenverträge wird zur Bestimmung der Vertragspflichten allerdings allgemein auf die Leistungsbilder der HOAI verwiesen. Ist dies der Fall, sind die in der HOAI beschriebenen Leistungen in den jeweiligen Leistungsphasen regelmäßig als Teilerfolge geschuldet (vgl. BGH, Urteil vom 24.06.2004, Az. VII ZR 259/02, BauR 2004, 1640).

▶   **Merkposten:** Verweisen die Parteien in einem Architektenvertrag wegen der Vertragspflichten allgemein auf die Leistungsbilder der HOAI, schuldet der Architekt/Ingenieur nicht nur den Erfolg des mangelfreien Architektenwerkes, sondern regelmäßig auch die in der HOAI beschriebenen Leistungen als Teilerfolge.

Aufgrund der großen praktischen Bedeutung werden im Folgenden einzelne Haftungsrisiken des Architekten bzw. Ingenieurs bezogen auf einzelne Leistungsphasen erläutert. Aufgrund der Komplexität der einzelnen Leistungsbilder kann selbstverständlich keine umfassende Darstellung erfolgen, sondern werden besonders wichtige und in der Rechtsprechung immer einmal wieder diskutierte Fallgestaltungen herausgegriffen.

5.1   Leistungsphase 1

Im Rahmen der Grundlagenermittlung muss der Architekt mit dem Bauherrn regelmäßig die Frage des Baugrunds erörtern. Dies gilt insbesondere dann, wenn risikoreiche Bodenverhältnisse vorliegen und das Bauvorhaben möglicherweise wegen unzureichender Standsicherheit gefährdet ist. Selbst wenn der Bauherr in Kenntnis der unzureichenden Standsicherheit an dem Bauvorhaben festhalten will, bedarf es einer ausführlichen und lückenlosen Aufklärung. Der Bundesgerichtshof entschied im Jahr 2013, dass der Architekt haftet, wenn das Gebäude wegen mangelhafter Standsicherheit aufgrund seiner Lage an der Steilküste von Rügen Schäden erleidet. In dem Fall waren den Bauherren gewisse Risiken sogar bekannt gewesen. Es konnte jedoch nicht festgestellt werden, dass eine Erörterung und Aufklärung des Bauherrn stattgefunden hatte, der Bauherr das Risiko in seiner vollen Tragweite zutreffend erfasst und in Kauf genommen hatte (BGH, Urteil vom 20.06.2013, Az. VII 4/12, BauR 2013, 1472).

Während der Grundlagenermittlungen hat der Architekt ferner den Bauherrn zur Genehmigungsfähigkeit des Bauvorhabens vollständig und richtig zu beraten. In einem vom BGH entschiedenen Fall hatte der Architekt dem Bauherrn gegenüber erklärt, der von den Bauherren gewünschte eingeschossige Baustil sei nicht zu verwirklichen. Tatsächlich war diese Auskunft jedoch unzutreffend. Weil der Bauherr nur deshalb sich mit dem Abbruch des bestehenden Gebäudes und der Errichtung eines anderen Gebäudes einverstanden erklärt hatte, gelangte der BGH zu einer Schadensersatzverpflichtung (vgl. BGH, Urteil vom 10.07.2014, Az. VII ZR 55/13, NZBau 2014, 568).

5.2   Leistungsphase 2

Im Rahmen der Vorplanungen hat der Architekt die wesentlichen Zusammenhänge, Vorgänge und Bedingungen des Projektes zu klären. Der Architekt muss seine Planung nach den Vorstellungen des Auftraggebers abändern, wenn diese nicht den Wünschen des Auftraggebers entspricht. Wenn der Bauherr beispielsweise Wunschvorstellungen äußert, muss der Architekt diese auf ihre Machbarkeit überprüfen und planerisch weitestmöglich realisieren. Wenn die Machbarkeitsprüfung fehlerhaft zu der Einschätzung führt, die Wunschvorstellung sei nicht zu realisieren, ist der Architekt dem Bauherrn zum Schadensersatz verpflichtet (vgl. OLG Hamm, Urteil vom 07.05.2014, 12 U 184/12, NZBau 2014, 642).

5.3 Leistungsphase 3

Der BGH entschied vor einiger Zeit, dass eine prüffähige Genehmigungsplanung erst dann eingeholt werden darf, wenn die Entwurfsplanung des Objektes abgeschlossen ist. Anders formuliert: In der Koordinationstätigkeit des Architekten liegen Haftungsrisiken. Werden etwa Kosten durch eine mehrfach notwendige Genehmigungsplanung erforderlich, weil der Architekt die Entwurfsplanung noch nicht abgeschlossen hatte, kommen Schadensersatzansprüche des Bauherrn in Betracht (vgl. BGH, Urteil vom 26.07.2007, VII ZR 42/05, BauR 2007, 1761).

5.4 Leistungsphase 4

Die Genehmigungsplanung stellt eine maßgebliche Zäsur im Rahmen des Architektenauftrags dar. In der Praxis realisiert sich häufig das Risiko, dass die Planung nicht dauerhaft genehmigungsfähig ist. Der BGH führt hierzu unmissverständlich aus, dass als Werkerfolg grundsätzlich eine dauerhaft genehmigungsfähige Planung geschuldet ist. Etwas anderes kommt nur dann in Betracht, wenn der Bauherr das Risiko der Genehmigungsfähigkeit der Planung aufgrund vertraglicher Vereinbarung übernimmt (vgl. BGH, Urteil vom 10.02.2011, VII ZR 8/10, BauR 2011, 869).

5.5 Leistungsphase 5

Häufig wird in der Praxis die Frage diskutiert, wie detailliert die Ausführungsplanung zu fertigen ist. Auch hier gibt es eine Fülle von gerichtlichen Entscheidungen, die aber natürlich immer eine konkrete Fallgestaltung vor Augen haben, sodass sie nur begrenzt verallgemeinert werden können. Das Oberlandesgericht Koblenz entschied beispielsweise, dass von planerischen Detailvorgaben nur dann abgesehen werden kann, wenn der Architekt darauf vertrauen darf, dass die Handwerker ohne Weiteres in der Lage sind, ihre Leistungen entsprechend den Fachregeln und den allgemeinen baulichen Notwendigkeiten auszuführen. Leistungen, die von Handwerkern ohne Detailplanung ausgeführt würden, seien zumindest stichprobenartig zu kontrollieren (vgl. OLG Koblenz, Urteil vom 07.10.2010, 5 U 820/10, IBR 2012, 339). Das Oberlandesgericht Celle entschied ebenfalls auf dieser Linie, dass die Detailtiefe der Ausführungsplanung von den Umständen des Einzelfalls abhänge. Seien Details der Ausführung besonders schadensträchtig, müssten diese unter Umständen im Einzelnen geplant und dem Unternehmer in einer jedes Risiko ausschließenden Weise verdeutlicht werden (vgl. OLG Celle, Urteil vom 18.10.2006, 7 U 69/06, BauR 2007, 1458).

Die exemplarischen Entscheidungen verdeutlichen, dass die Gerichte bei der Überprüfung der Architektenleistung einen großen Beurteilungsspielraum haben und es auf den individuellen Fall ankommt. Hinzu kommt, dass die Leistungsphasen naturgemäß aufeinander aufbauen und regelmäßig Versäumnisse vorangegangener Planungsphasen im Rahmen der Ausführungsplanung korrigiert werden können. So können Fehler der Entwurfsplanung schnell als Fehler der Ausführungsplanung thematisiert werden. Im Zweifel sollte daher auch dann, wenn der Unternehmer eigentlich fachkundig ist, eine detailtiefe Planung erfolgen. Alternativ können auch klare Absprachen mit dem Bauherrn über einen Verzicht auf die Detailplanung bzw. die Übernahme der Detailplanung durch den Unternehmer für Rechtsklarheit sorgen.

5.6   Leistungsphasen 6 und 7

Während Versäumnisse in den Leistungsphasen 1 bis 5 und insbesondere auch der Leistungsphase 8 schadensträchtig sind, erscheinen Mängel der Leistungen im Vergabeverfahren weniger brisant. Dies spiegelt sich auch in der Rechtsprechung wieder, finden sich hierzu doch deutlich weniger gerichtliche Entscheidungen. Dies hängt möglicherweise auch damit zusammen, dass eine mangelhafte Leistung im Rahmen der Vergabe bzw. Begleitung des Vergabeverfahrens nicht unbedingt zu einem Schaden des Bauherrn führen muss. So entschied das Oberlandesgericht Celle beispielsweise, dass eine Haftung des Architekten wegen einer unzureichenden Leistungsbeschreibung nur dann in Betracht kommt, wenn dieser Umstand einen Baumangel zur Folge hat oder aber der Bauunternehmer berechtigt sei, vom Bauherrn eine höhere oder zusätzliche Vergütung zu verlangen (vgl. OLG Celle, Urteil vom 07.07.2004, 7 U 216/03, BauR 2004, 1971). Eine übersehene Leistungsposition führt jedoch keineswegs zwingend zu einem Baumangel, vielmehr wird in den meisten Fällen die Position im Rahmen der Bauausführung auffallen oder aber später nachgeholt werden – die diesbezüglichen Kosten wären aber auch dann angefallen, wenn die Position von vornherein im Leistungsverzeichnis berücksichtigt worden wäre.

5.7   Leistungsphase 8

Der Architekt, der für den Bauherrn die Objektüberwachung durchführt, trägt nach der Rechtsprechung eine hohe Verantwortung und damit ein hohes Haftungsrisiko. Denn die Objektüberwachung dient gerade dazu, die Ausführung des Objektes auf Übereinstimmung mit der Baugenehmigung, den planerischen

Grundlagen sowie den allgemein anerkannten Regeln der Technik und einschlägigen Vorschriften vor Ort zu kontrollieren. In der Rechtsprechung gibt es eine hierzu kaum noch zu überschauende Fülle von Einzelfallentscheidungen. Folgende Leitgedanken wird man jedoch als grundlegend herausstellen können:

Der die Bauaufsicht führende Architekt muss sich zwar nicht ständig auf der Baustelle aufhalten. Er ist jedoch verpflichtet, die Arbeiten in angemessener und zumutbarer Weise zu überwachen und sich durch häufige Kontrollen zu vergewissern, dass seine Anweisungen sachgerecht erledigt werden. Bei wichtigen oder kritischen Baumaßnahmen, die erfahrungsgemäß ein hohes Mangelrisiko aufweisen, ist er zu erhöhter Aufmerksamkeit verpflichtet (vgl. OLG Hamm, Urteil vom 27.02.2014, 21 U 159/12, BauR 2014, 1338).

Die Rechtsprechung spricht insofern von Arbeiten mit Signalwirkung. An anderer Stelle ist von risikoträchtigen und für das Bauwerk wesentlichen Arbeiten die Rede, welche sodann eine erhöhte Überwachungspflicht auslösen. Vor allem bei typischen Gefahrenquellen und nur kurzzeitig kontrollierbaren Gewerken gehört es zu einer ordnungsgemäßen Bauaufsicht, dass rechtzeitig vor Verwirklichung von Baumängeln deren Entstehung verhindert bzw. deren rechtzeitige Behebung veranlasst wird. Immer wieder wurden bzw. werden in der Rechtsprechung erhöhte Überwachungspflichten für Abdichtungs-, Dämmungs-, Brandschutz-, Schallschutzarbeiten und den Schnittstellen zwischen verschiedenen Gewerken als besonders überwachungsbedürftig betrachtet.

Die Rechtsprechung geht zwar davon aus, dass einfache und gängige Arbeiten nicht detailliert zu überwachen sind, sondern Stichproben vor Ort genügen. Wann eine solche handwerkliche Selbstverständlichkeit vorliegt, deren Beherrschung durch den Bauunternehmer vorausgesetzt werden kann, unterliegt der Entscheidung durch das erkennende Gericht. Die Grenzen sind insofern fließend. Insgesamt ist die Rechtsprechung eher großzügig, eine besonders wichtige oder risikoträchtige Arbeit anzunehmen zugunsten des Auftraggebers bzw. Bauherrn.

Schlussbemerkungen

Genauso individuell wie jedes Bauvorhaben erfordert auch die Auslegung und Überprüfung von Mängeln eine Bewertung des Einzelfalls. Dies führt mitunter zu komplizierten Abgrenzungsfragen, macht das Bau- und Architektenrecht aber auch so facettenreich. Bei der Bewertung von Mängelrügen ist die zeitliche Einordnung des bemängelten Ausführungsfehlers in den Gesamtkontext des Bauvorhabens ebenso unabdingbar wie die sorgfältige rechtliche Aufbereitung der vertraglichen Grundlagen. Da die am Bau Beteiligten aufgrund der Vielzahl der zu regelnden Details nicht immer ihre Vereinbarungen dokumentiert haben und hierüber später Streit entsteht, ist oftmals eine Auslegung geboten. Dabei sind die genannten Auslegungskriterien heranzuziehen, wobei eine überragend wichtige Bedeutung den allgemein anerkannten Regeln der Technik zukommt, welche von wenigen Ausnahmen abgesehen stets einzuhalten sind. Soweit ersichtlich wird sich auch durch das geplante Gesetz zur Reform des Bauvertragsrechts, welches bei Redaktionsschluss noch nicht verabschiedet worden/in Kraft getreten ist, an der Notwendigkeit zur Auslegung bei der Bewertung von Mängeln nichts ändern.

© Springer Fachmedien Wiesbaden GmbH 2016
F. Reeh, *Mängel am Bau erkennen,* essentials,
DOI 10.1007/978-3-658-16189-7

Was Sie aus diesem *essential* mitnehmen können

- Die Erfassung und Bewertung von Mängelrügen erfordert eine genaue Analyse der vertraglichen Vereinbarungen. Mangels ausdrücklicher Vereinbarung ist häufig eine Auslegung dessen erforderlich, was die Parteien eigentlich zur Grundlage des Vorhabens machen wollten.
- Nach der Rechtsprechung des BGH kommt dem Begriff der allgemein anerkannten Regeln der Technik eine überragende Bedeutung zu, da im Zweifel der ausführende bzw. planende Auftragnehmer stillschweigend zusichert, nach diesen anerkannten Regeln der Technik zu arbeiten. Zudem sind die DIN-Normen sowie Herstellervorgaben zu berücksichtigen.
- Bei der Überprüfung von Mängelrügen ist ferner eine sorgfältige zeitliche Einordnung des gerügten Ausführungsfehlers bzw. Planungsfehlers in den Gesamtkontext der Baumaßnahme erforderlich. Nur so lässt sich feststellen, insbesondere bei Normänderungen während der Bauzeit, welche Anforderungen gelten.
- Die Rechtsprechung hat eine Vielzahl von Einzelfallentscheidungen zur Haftung von Architekten und Ingenieuren entwickelt aufgrund von Mängeln in der Planung und/oder der Bauüberwachung. Auch für diese Vertragstypen gilt das Werksvertragsrecht und ist die Auslegung des Vertragssolls essentiell. Besondere Bedeutung für die Auslegung kommt dabei den in der HOAI genannten Leistungsbildern zu.

© Springer Fachmedien Wiesbaden GmbH 2016
F. Reeh, *Mängel am Bau erkennen*, essentials,
DOI 10.1007/978-3-658-16189-7

Anmerkungen

1. NJW, Neue Juristische Wochenschrift.
2. NZBau, Neue Zeitschrift für Baurecht und Vergaberecht.
3. MDR, Monatsschrift für Deutsches Recht.
4. IBR, Immobilien- und Baurecht, Zeitschrift.
5. BauR, Baurecht, Zeitschrift für das gesamte öffentliche und zivile Baurecht.

© Springer Fachmedien Wiesbaden GmbH 2016
F. Reeh, *Mängel am Bau erkennen*, essentials,
DOI 10.1007/978-3-658-16189-7

Literatur

Deutscher Bundestag, Entwurf eines Gesetzes zur Reform des Bauvertragsrechts und zur Änderung der kaufrechtlichen Mängelhaftung. http://dipbt.bundestag.de/dip21/btd/18/084/1808486.pdf. Zugegriffen: 6. Sept. 2016.

Kimmig, Bernd, und Hendrik Bach. 2014. VOB für Bauleiter, 5. Aufl. www.ibr-online.de. Stand: 30. März 2014.

Kniffka, Rolf, Hrsg. IBR-online-Kommentar Bauvertragsrecht. www.ibr-online.de. Stand: 18. Sept. 2016.

Kniffka, Rolf, und Wolfgang Koeble, Hrsg. 2014. *Kompendium des Baurechts*, 4. Aufl. München: Beck.

Motzke, Gerd, Mathias Preussner, Jan Kehrberg, und Roland Kesselring, Hrsg. 2008. *Die Haftung des Architekten*, 9. Aufl. Köln: Werner.

Preussner, Mathias, Roland Kandel, und Günther Jansen, Hrsg. 2011. Beck'scher online-Kommentar VOB Teil B, 21. Aufl. www.ibr-online.de. Stand: 30. Okt. 2015.

Werner, Ulrich, und Walter Pastor. 2015. *Der Bauprozess*, 15. Aufl. Köln: Werner.

Wirth, Axel, Cornelius Pfisterer, und Andreas Schmidt. 2016. *Privates Baurecht praxisnah: Basiswissen mit Fallbeispielen*, 2. Aufl. Wiesbaden: Springer Fachmedien.

Zanner, Christian, und Jana Henning. 2016. *Abnahme im Bauwesen nach Ansprüchen, Entscheidungshilfen für Auftraggeber und Auftragnehmer für die Abnahme von Bauleistungen, Planung, Bauüberwachung, Projektleitung, Projektsteuerung und Bauträgerleistungen*. Wiesbaden: Springer.

© Springer Fachmedien Wiesbaden GmbH 2016
F. Reeh, *Mängel am Bau erkennen*, essentials,
DOI 10.1007/978-3-658-16189-7